कविता-संग्रह

तुम तब आना...

तुम तब आना...

राकेश कबीर

लोकभारती प्रकाशन

लोकभारती प्रकाशन
पहली मंजिल, दरबारी बिल्डिंग, महात्मा गांधी मार्ग
प्रयागराज-211 001

वेबसाइट : www.lokbhartiprakashan.com
ईमेल : info@lokbhartiprakashan.com

शाखाएँ : 1-बी, नेताजी सुभाष मार्ग, दरियागंज
नई दिल्ली-110 002
अशोक राजपथ, साइंस कॉलेज के सामने
पटना-800 006
1, अनमोल सोराबजी संतुक लेन, धोबी तलाव,
मरीन लाइंस, मुम्बई-400 002

पहला संस्करण : 2023

मूल्य : ₹495

विकास कंप्यूटर एंड प्रिंटर्स
ट्रॉनिका सिटी-201 102
द्वारा मुद्रित

TUM TAB AANA...
Poems by Rakesh Kabir

ISBN : 978-81-19133-68-0

बेटी नियति नन्दिनी के लिए

कविता मेरी सहयात्री

इस खानाबदोश ज़िन्दगी में जाने कहाँ-कहाँ जाना है, किन अनजाने वीराने रास्तों से गुजरना है, कुछ पता नहीं। चौदह साल की उम्र में गाँव छोड़ गोरखपुर गए पढ़ाई करने, बहुत कष्ट हुआ। दीवार में लगे कैलेंडर में पन्द्रहवें दिन घर वापस लौटने के लिए गोल घेरा लगा देता था और हर रोज एक दिन कम होने और गाँव वापस जाने की खुशी बढ़ती जाती। दो-तीन दिन बाद वापस आता, माँ गाँव के बाहर तक छोड़ने आती, हम दोनों रोते और फिर पन्द्रह दिनों का इन्तजार। धीरे-धीरे दूर रहने की आदत पड़ गई। दस साल (1996-2006) बाद दिल्ली जाना हुआ। पहली बार इतनी दूर दिल्ली जैसे बड़े और अनजान शहर में जाने में बहुत डरा हुआ था। जवाहर लाल नेहरू विश्वविद्यालय में दाखिला हुआ लेकिन 6 महीनों तक हॉस्टल न मिला। पहले से जमे छात्रों के कमरों में दो-दो, चार-चार दिन रहने के बाद छोड़ना पड़ता। कई बार अपमानित भी होना पड़ा, वहाँ भी बहुत कष्ट सहना पड़ा। कई बार घर और माँ-बाबूजी को याद करके रोया। वर्ष 2010 में नौकरी मिली मेरठ आया। यूनिवर्सिटी छूटी, सब यार-दोस्त छूट गए फिर मैं अकेली बोर शामों को झेलने को विवश हुआ। मेरठ से लेकर प्रतापगढ़ और फिर बदायूँ तक पिछले 12 सालों में 10 जनपदों में तबादले हो चुके हैं। इस बीच शादी हुई, जीवनसंगिनी मिलीं, मेरे बच्चे मीठी और चीकू मिले, अकेलापन दूर हुआ। इस सफर में बहुत सारे नए दोस्त मिले लेकिन ये पहली बार हुआ कि मैं फिर अकेला हो गया। बच्चे लखनऊ में और मैं प्रतापगढ़। इधर मैंने राही मासूम रजा साहब का उपन्यास टोपी शुक्ला पढ़ा जिसमें उन्होंने कई दफा लिखा कि नौकरी एक घिनौना शब्द है जिससे लोग हमारी औकात और प्रतिष्ठा नापते हैं। मैं भी कहता

हूँ कि नौकरी घिनौना शब्द है, परतंत्रता है, हमारी अपने शर्तों पर जीने की भावना और जिद को नष्ट करनेवाली शय है नौकरी। यहाँ काम करने से ज्यादा जरूरी है नौकरी को मैनेज करना। बार-बार भावनाएँ आहत होती हैं, मोरल डाउन होता है। परन्तु सफर जारी है और इस अकेलेपन की सहयात्री कविता है, हर मुश्किल वक्त में साथ चलनेवाली हमसफ़र। कविता एक नदी की तरह निरन्तर मेरे साथ चल रही है और अविरल बह रही है।

इस संग्रह में जनवरी 2021 में अलीगढ़ जनपद पहुँचने से लेकर मार्च 2023 में शकील बदायूँनी के शहर बदायूँ तक जाने की रचनाएँ शामिल हैं। ये रचनाएँ समय और समाज से संवाद हैं जिनके कहन का तरीका मेरा नितान्त अपना है। अलीगढ़ शहर में थे जब अप्रैल 2021 में कोरोना की दूसरी खतरनाक लहर आई जिसमें लाखों लोगों ने अपने प्रिय जनों को खोया। मेरी पत्नी भी कोरोना संक्रमित हुईं। जो डर पूरी दुनिया में कहर मचाए हुए था अब अपने घर में आ चुका था। अब बिना किसी के सहयोग के उस दहशत भरे माहौल में वायरस से लड़ना भी था और पत्नी और दो बच्चों को सँभालना भी था। आठ साल की बेटी और मात्र तीन साल का मासूम बेटा। एक कमरे में हम तीनों और एक दरवाजे के दूसरी पार बीमार शिवानी अकेले। दस दिन कितनी मुश्किल कटे बताना सम्भव नहीं। चीकू को माँ की याद आती, माँ दरवाजा खोलकर दूर से प्यार जताती, वह पास जाने को मचलता, मैं उसे सँभालता। साल-भर पहले से वह भी कोरोना वायरस का नाम सुन-सुनकर अभ्यस्त हो चुका था इसलिए उसका सामना करना स्वीकार कर चुका था। चीकू की नाक में टेस्टिंग किट दो बार पड़ चुका था जिससे वह बहुत डरता था। उस भयानक डरावने दौर में दोनों बच्चे हमारा साथ देते रहे। आगे हम सब लोग बीमार हुए, ठीक हुए। रिश्तेदार, दोस्त सभी के करीबी लोग बीमार हुए, कुछ असमय गुजर भी गए। महामारी की इस लहर ने देश और दुनिया के हर हिस्से में अफसोस और दर्द भर दिया। बाद के दिनों में अलीगढ़ में हम और बच्चे बहुत खुश रहे। खूब काम किया, खूब खेले, चीकू भी स्कूल जाने लगा लेकिन जैसे ही सब कुछ सामान्य होने लगा वहाँ से ट्रांसफर हो गया।

अलीगढ़ में बारिश कम होती है लेकिन दो साल में तीन बरसात के मौसम आए और खूब बारिश हुई। इस शहर में 'कटोरा थ्योरी'

बहुत प्रसिद्ध है और लोगों का मानना है कि इसी कारण शहर के अन्दर का पानी बाहर की तरफ बहुत धीमी गति से प्रवाहित होता है। इस शहर की नालियाँ हमेशा भरी रहती हैं और बारिश का पानी भी निकलने में घंटों समय लगता है। शहर के जागरूक नागरिक अजय पटेल जी बताते हैं कि इस शहर में पहले कई बड़ी झीलें थीं उनके किनारे मिट्टी के बड़े-बड़े ढूह थे। शहर बढ़ता गया, झील, ढूह सब समतल होते गए, पानी के रास्ते में मुहल्ले बसते गए फिर बरसा हुआ पानी अपना घर छोड़कर बाहर क्यों जाने लगा। थोड़ी सी बारिश में ठहरकर कराहने लगता है ये महानगर। अलीगढ़ में बादलों ने जो मौसम रचा उसमें कुछ रचनाएँ भी अपने हाथ लगीं। अलीगढ़ में छोटी नदियाँ और झील सब लुप्तप्राय होने के कगार पर हैं। शहर से दस किमी. पूरब की तरफ काली नदी में भयानक रूप से प्रदूषित काला पानी बहता है। सेंगर, करवन, नीम सभी नदियाँ सूखने लगी हैं। अलीगढ़ से प्रतापगढ़ तक हर जगह छोटी नदियाँ और झील संकटग्रस्त हैं और ये सब हमारी कविता में शामिल हो जाते हैं। प्रकृति सम्बन्धी कविताओं में अलीगढ़ मुस्लिम यूनिवर्सिटी कैम्पस के दरख्त, कासिमपुर की तापीय विद्युत परियोजना के प्रदूषण से प्रभावित गाँव, रेत के भीतर सिर छुपाती, जल समाधि लेती छोटी-छोटी नदियाँ हैं। दिसम्बर 2021 में भयानक ठंड और बारिश से बचाने की तमाम कोशिशों के बावजूद मासूम पिल्लों की दर्दनाक मौत ने मन को बहुत कष्ट दिया था, उनसे संवेदनात्मक जुड़ाव भी कविता में अभिव्यक्त हुआ है।

इस संग्रह की कविताओं में वर्तमान परिस्थितियों से संवाद, बचपन की स्मृतियाँ, बार-बार उजड़ने-बसने का दर्द और धूर्त प्रवृत्ति के जातिवादियों, सत्तालोभियों और उनकी पद-लोलुपता से क्षोभ की भी अभिव्यक्ति हुई है। कई बार सामने वाले व्यक्तियों और परिस्थितियों से हार जाने की भावना मन में आती है और निराशा होती है। जो हम हैं और हमारा वातावरण है वह निःसन्देह हमें और हमारी सोच को प्रभावित करता है। कल्पना के साथ मिश्रित होकर यह सारा वातावरण और परिस्थितियाँ हमारे सृजन के माध्यम से प्रस्तुत होती हैं। इसलिए यहाँ यह कहना उपयुक्त होगा कि, रचनाएँ देश-काल से परे नहीं होतीं और देश-काल एवं परिस्थितियों से अर्जित अनुभव हमारी संवेदनाओं के माध्यम से रचना के रूप में सामने आते हैं। पिछले तीन कविता-संग्रहों को

शोध छात्रों और पाठकों का भरपूर सहयोग मिला। बेतहाशा बढ़ते उपभोग एवं पर्यावरण प्रदूषण के कारण प्राकृतिक उपादनों में आ रही गिरावट के कारण उपजी कविताओं को 'इको पोएम' श्रेणी के तहत चिह्नित करते हुए यह उम्मीद करता हूँ इस संग्रह को आप सभी का स्नेह मिलेगा।

—राकेश कबीर

क्रम

नीति, अनीति, कुनीति

कोविड : दूसरी लहर, मौत का मंजर

कुछ अपनी तो कहूँ

लिट्टियाँ

अपनी पसन्द की चीजें
कब पकाती थी माँ
चूल्हे की जलती आग में
उसे तो हमने हमारी फरमाइशों को ही
बघारते देखा हरदम कड़ाही में

कभी-कभार वह चूल्हे की आग में
कचूर के पत्तों पर पकाती थी
मोटी-मोटी दो लिट्टियाँ
जो उसे बहुत पसन्द थीं

कचूर के पत्तों से लिट्टी की पीठ पर
छप जाती थी एक छापी
जैसे उसकी साड़ी पर
छपे होते थे कुछ डिजाइन

माँ रसोईघर की दीवारों पर भी
अपने हाथों से हर साल
बनाती-सजाती थी पीड़िया

एकदम लिट्टी की पीठ पर लगी छापियों की तरह
और गाती थी गीत समूह में
चूल्हे की आग, लिट्टी और संग साथ की खुशी में।

तुम्हारी मुस्कुराहटें

तुम्हारी मुस्कुराहटें देखता हूँ
तो लगता है
ये धरती रहेगी
फूल भी खिलेंगे
पेड़ भी हरे रहेंगे
पंछी उड़ेंगे आसमान में

मुझसे बराबरी से टक्कर लेती
उम्मीद हो मेरी तुम साथी
हमराह, संगिनी
बधाइयाँ तुम्हें
मेरी ज़िन्दगी की फिजा में
तुम्हारी मुस्कुराहटों के लिए।

तुम तब आना...

बसन्त तो कब का बीत गया
जो फूल खिले थे खेतों में
सब पीले दाने बन गए
खेत उजाड़ और नीरस हो चुके

तुम अभी मत आना
धूप सफेद होकर पसरी रहती है
मेरे घर की मुंडेर पर
चिलबिल के पत्ते जलकर
धूप से सफेद हो गए हैं

मोर उन पेड़ों पर अभी नहीं बैठते
वे सुबह खेतों में दाने चुग
चले जाते हैं वापस शाम तक के लिए
कर्कश लगती है उनकी बाँग आजकल

तुम अभी मत आना
कि अभी क्यारियों में तुम्हारी पसन्द के फूल
नहीं उग पाए हैं
माली ने बड़े जतन से बोए हैं कुछ बीज

जिन्हें उगने में वक्त लगेगा
सेमल जब लाल फूलों से लदे थे
कौओं ने खूब दावत उड़ाई थी
अब फूल झड़ गए तो
उनमें नए कोमल पत्ते निकल आए हैं
तुम्हें पता है?
पतझड़ सभी दरख्तों पर एक साथ नहीं आते
देखा है मैंने
पत्तों को अलग-अलग मौसम में झड़ते हुए

तुम अभी मत आना
कि इस सफेद धूप के जले-भुने मौसम को
मैं जरा अकेले निपटा लूँ
जब चिलबिल में नई पत्तियाँ उग आएँ

और उनकी डालियों पर बैठकर
मोरनी मल्हार राग गाते हुए निहारे
अपने प्रियतम मोर को
और वह भाव विह्वल हो
सतरंगी पंखों को आसमान में उठाए
नृत्य करने लगे

और उसके नृत्य से आह्लादित हो
आसमान से बारिशें बरसने लगें
क्यारियों में पौधे कलियों को पोसने लगें
तुम तब आना
ग्रीष्म के उत्तरकाल में

जब खेतों में धान की हरियाली
पसर जाए दूर तक

जिनके बीच
सारस के जोड़े
संग-संग विचरने लगें
तुम तभी आना।

तुम नहीं हो तो...

तुम साथ नहीं हो तो ये
अजनबी शहर कितना उजड़ा-सा लगता है
कितना पराया-सा लगता है

तुम नहीं हो तो
उदासियों के शामियाने
तने रहते हैं अन्तहीन से

मन के कोने में
एक कसक-सी रहती है
हूक-सी उठती है बार-बार

क्यों न ज़िम्मेदारियों के
परों को काट फेंक दूँ
और कह दूँ जमाने से
हम अलग नहीं रहेंगे
तुम्हारी बकवास बन्दिशों के डर से।

यात्री और डाकिया

जब घर से दूर
जंगलों और पहाड़ों में भटकते हुए
कुछ बताए गए पतों पर पहुँचा था
और दस्तक दी थी उनके दरवाजों पर
घरों और दरवाजे वालों ने
धीरे से सरकाई थीं सिटकिनियाँ
और झाँका था धीरे से
नाक और मुँह निकालकर

उन्होंने अपने पतों को तो
स्वीकार किया था लेकिन मुझे नहीं

मैं डाकिया तो नहीं था
मैं तो यात्री था
मेरे पास चिट्ठी तो थी
लेकिन उसे देने की जरूरत नहीं थी

मैं आंशिक मुस्कुराहटों
और अधखुले दरवाजों को
असहमति और अस्वीकार समझ

उन दरवाजों के पीछे प्यार में डूबे लोगों को

वहीं छोड़ भटकता रहा था
जंगलों और पहाड़ों में
अब देखता हूँ वही प्यार में डूबे लोग
दिल टूटने की शिकायतें लेकर
कोस रहे हैं पहाड़ों और जंगलों को
बन्द दरवाजों और आंशिक मुस्कुराहटों को

पछता रहे हैं
आगन्तुक को वापस लौटाने की गलतियों पर।

चीकू, चींटी और फूल

खिलते-महकते फूलों के बीच
सुबह-सुबह दिहाड़ी पर लगी
चींटियों की मेहनत से
खोदी हुई मिट्टी की

नन्ही उँगलियों से छुअन
और ढेर सारी खुशी
और मस्त-मस्त बचपन।

चीकू मीठी का धमाल

ऊपर चीकू का मकान
नीचे चाकलेट की दुकान
दुकान का रंग है लाल
दुकान के पीछे लूलू माल

मीठी चीकू का देखो कमाल
चीकू ने खरीदा सतरंगी बाल
मीठी लाई लाल रूमाल
लाल रूमाल से बना झंडा

चीकू ने मारा डंडा
फूटा फ्रिज का अंडा
गर्मी में फैला ठंडा
रूमाल हो गया गन्दा

स्कूल में छुट्टी घर में धमाल
तेज हो गई बच्चों की चाल
दिन-भर कटे रोज बवाल
शैतानी से सब हुए मालामाल

ऊपर चीकू का मकान
नीचे लाल रंग दुकान
दुकान के पीछे लूलू माल
स्कूल में छुट्टी घर में धमाल
दिन-भर कटे रोज बवाल
चीकू मीठी का देखो कमाल।

स्पर्श

मेरे कन्धों पर सवार होकर
आसमान को छू लेने की
उसकी मासूम ख़्वाहिश
कितनी भली लगती है

हर शाम मेरे सीने पर
लिपटकर सोने की
उसकी आदत और
स्कूल छोड़ते वक्त उसका ये कहना कि
आप यहीं रहना, जाना नहीं
और मेरा हर रोज उसे झूठे दिलासे देना
कि यहीं तो बैठा रहता हूँ मैं
तुम्हारे लौटने तक।

2

और अब दूर कहीं रहने को बेबस मेरे पास
नहीं होता कोई जवाब
तुम्हारे सवाल का कि
'पापा आप कब आओगे?'
मैं हर रोज बोलता हूँ एक झूठ

तुमसे नजरें बचाकर
और इस तरह हम दोनों
एक-दूसरे के स्पर्श से वंचित हो
बिताते हैं एक-एक दिन
एक-दूसरे के इन्तज़ार में।

डोर आँसुओं की

गुनाह है वक़्त का हर वो लम्हा
जो गुजरा तुमसे दूर रहकर
मेरे बच्चे

मुझे विदा करते हुए हर बार
तुम्हारी आँखों में छलक आए आँसू
मेरी आँखों को भी कर जाते हैं नम

दूर किया है जिसने भी हमें
उनको लानत भेजता हूँ

मुझे इन्तजार है उस शामों-सुबह की
जब मेरी गोद, मेरी बाँहें
फिर-फिर भरेंगी तुम्हें आगोश में
डोर आँसुओं की बाँधकर रखती है हम दोनों को।

अफ़साने

जो सच है उसपे पर्दे पड़ जाने दो
उसे ताखों पर पड़ी धूल खाने दो और
यादों के गोदाम में भर जाने दो

फिर सच धीरे-धीरे पककर
जाने कितने रसायनों में घुलकर
एक दिन अफ़साने बनकर

लिखा जाएगा मेरी कलम से
मेरी उम्र भी सच की तरह
कुछ तो गुजर जाने दो

यादों के गोदाम भर जाने दो
सच को पर्दे डालकर सोने दो अभी
उन्हें अफ़सानों की तरह ढल जाने दो।

सालगिरह

उजड़ते-बसते शहर-दर-शहर
साथ-साथ इक दशक गया गुजर

ज़िन्दगी ने दिखाए कई सारे रंग
दुनिया ने सिखाए कितने ही ढंग

आसान कहाँ होती है ज़िन्दगी की डगर
कदम चलते हैं रोज, एक हिस्सा सफर

हम दोनों को हो मुबारक साथ-साथ
सारे मौसम, डगर, सफर और शहर।

हार

मैंने हार के बारे में खूब सोचा
कई घंटे दिन-रात सोचता रहा
मैंने पाया कि जिससे भी लड़ा मैं
हार हरदम हर बार मेरी ही हुई

बड़ों से लड़ा तो हारा
कनिष्ठों से लड़ा तो हारा
गाँव में लड़ा, शहर में लड़ा
होस्टल में लड़ा
मकान मालिक से लड़ा
ऑफिस में भी लड़ा

जब-जब, जहाँ-जहाँ लड़ा
इससे लड़ा उससे लड़ा
जिससे भी लड़ा, मैं ही हारा
लेकिन लड़ने का जज्बा
कम नहीं हुआ कभी
ये सब लड़ाइयाँ थीं
सामने खड़े-पड़े लोगों से

अब अदृश्य दुश्मनों से
हो रही हैं छद्म लड़ाइयाँ
और अब मेरे लड़ने का जज्बा
जवाब दे रहा है
हर अपमान को चुपचाप
सहने की अपेक्षा कर रही है दुनिया

अब आप किन हथियारों से लड़ेंगे
अदृश्य दुश्मनों और छद्म लड़ाइयों से।

अलविदा अलीगढ़

कुछ दोस्त थे
चन्द लम्हे थे
कुछ जगहें थीं
कुछ दरख़्त थे

मिट्टी के घर घरौंदे थे
एक बचपन था
जो साथ छोड़ने को
नहीं था तैयार

वो सब कुछ
जिन्हें चाहा था
प्यार किया था
सबको निहारकर
कुछ वादे कुछ आँसू
एक कसक लिये
हम चल दिए वापस
एक उम्मीद देकर
कि फिर आएँगे

तब तक सँभाले रहना
तुम सब खुद को
और मेरी मोहब्बत को।

बादल मेरे साथी

एक गुजारिश की थी हमने
बादलों से
जब बीत गया था
आधा सावन सूखे-सूखे।

कि आना इस ओर भी
पूरब से पश्चिम आ गया हूँ मैं
छाए रहना देर तक
धूप बरसाते आसमान में।

बरसना भले ही कम लेकिन
बने रहना मेरे साथ
कि जी नहीं लगता
तुम्हारे बिना
और तुमने मानी है मेरी बात।

एक अदद घर नहीं है कोई
जिसे मैं अपना कह सकूँ
कुछ वक्त गुजरता है तो

लोग कर देते हैं शहर बदर।

ईंट पत्थरों की दीवार व छत
कितनी ही बदल गईं
जब तक तुम नहीं मचलते
काले दूधिया रंग में सर ऊपर।

ये खानाबदोश सफर
और हरा-भरा शहर
सब बर्बाद लगते हैं।

नमी

बारिशें गीली
गीले आसमान
गीला मौसम
दरख़्त, दूब, जमीन सब गीले

सीली हवा
नम आँखें
सीली-सीली हैं
घर भीतर दीवारें

गीला सीला मौसम
और मौसम जैसे हम।

कदम-दर-कदम हाशिये

जो बैठे थे मसनदों पर
वो इतराते रहे
हम पर मुसकुराते रहे

हम कदम-दर-कदम
हर कदम हाशियों से
गुजरते ही रहे

थक गए हाशिये भी
मेरे इन्तजार से
कितनी उम्मीद से यूँ ही
साहिल को हम निहारते रहे।

धूप और चुप

मत कहो कि
सबने चुन लिया है चुप रहना

लाल-पीले फूलों वाले
गुलमोहर और अमलतास
देखो
मुकाबिल हैं धूप के गुरूर से।

मोहल्ले गरीबों के

उखड़े हुए रास्ते
पता देते हैं कि
अमीरों के मुहल्ले में
किधर बसी हैं
गरीबों की बस्तियाँ।

प्रकृति के रंग

अलीगढ़ में बारिश

सावन के महीने में
करते हैं तलाश बादलों की
सूखे आसमान में
ये अपने शहर वाले

गर बरस गईं कुछ बूँदें
घंटे भर जमीन पर
गालियाँ देते हैं उफनाई नालियों को
यही अपने शहर वाले।

पानी-पानी शहर

आज बेशर्म शहर
भीग कर पानी-पानी हो गया

इतना शोर है हर तरफ
जैसे बूँदें नाराज-सी
बरस रही हैं जमीन पर

खुद तो शर्म आती नहीं शहर को
आज बूँदों ने ही पानी-पानी कर दिया।

आसमान

आग हो या पानी
बरसेगा आसमान से ही
ये तय है

जलना और भीगना
नियति है इनसान की
ये भी तय है।

बादल और दूब

बादलों वाले आसमान देख
बिहँस उठती है दूब
महीनों से जल-जल के पीली पड़ी दूब
बिना शिकायत मनाती है
जश्न हरियाली का

दूब की चादर बीच
चिड़ियाँ करती हैं अठखेलियाँ
बेहद खुश हैं वे
दूब की हरी चादर से।

बरसो बादल प्यारे

बादलों वाला आसमान
बारिशों वाला आँगन देखने को
तरस गई थीं आँखें

सूखे मौसम की लपटों से
झुलस गई थीं आँखें

अब सुनो भाई बादल
बरसो भले ही कम

लेकिन कुछ दिन ये तम्बू
लगाकर बैठे रहना इधर
जब भूले-भटके आ ही गए हो।

मनुहार

बादलों से हुई अनगिन
मनुहार, पुकार
इश्तहार, इन्तज़ार
तहरीर, तकरीर
तब जाकर मिली
बूँदों बारिशों वाली
ये हसीन तस्वीर।

बादल-बादल आसमाँ

हवाएँ चौकीदार बन
डंडे लिये खड़ी हैं आसमान में
हर गली-चौराहे पर

बादलों पर चलता है
हुक्म हवाओं का
सब जुटकर होते हैं
सफेद से काले

हवाएँ हट जाती हैं
जब ड्यूटी से पीछे
बादल करते हैं मनमानी
फिर सब पानी-पानी।

बादलों से तकरीर

कई दिन से देख रहा था मैं
छोटे-छोटे बादल के टुकड़े
रूई के फाहे से
विचर रहे थे सरे आसमाँ
जैसे कर रहा हो रेकी

जल विभाग के
गुप्तचरों का एक दल
लगाने को पता प्यास का

आँगन में टहलते हुए कई रातों से
देख रहा था मैं
चाँद की लुका-छिपी
बादल के टुकड़ों से

फिर एक सावन की रात में
मुझे आया जोर का गुस्सा
और बादलों के टुकड़ों को सुनाई मैंने
एक डाँट भरी तकरीर

जिसका लब्बोलुआब ये था कि
माना नादान है आदमी
दिन-रात धुआँ घुसेड़ता रहता है
ऊपर आसमान की नाक में चिमनियों से
और नीचे कतारें उसके मोटरों की
कालिख पोतती हैं हरियाली के मुँह पर

फिर भी जलती हुई धरती
तपती हवा और
झुलसते हुए पेड़ों, बच्चों, ग़रीबों
गाय, भैंस पिल्ले और सूअरों की
प्यास बुझाने, जान बचाने के लिए
अब बरस जाओ इधर के सुखाड़ में।

एक कारवाँ नदी

दूर बस्ती से सीवानों में
अकेली फिरती है बियाबानों में

पुकारती है नन्ही-मुन्नी
भटकती-बहकती सखियों को

बनाती है एक कारवाँ
नदी कभी अकेले कहाँ होती है!

नदी शान्त है

बारिशें बीत गईं
उफान पर बहती नदियाँ
अब शान्त हो चुकी हैं

छोटी नदियाँ या तो
बादल की बेटी हैं या प्रेमिकाएँ
जो उनके प्यार, दुलार और चुम्बन से
इतराती-इठलाती-बलखाती
गुजरती हैं कल-कल ध्वनि से

और बादलों के आसमान से
गायब होते ही
निस्तेज, स्थिर,
गतिहीन होने लगती हैं
छोटी-छोटी नदियाँ

दरख्तों का झुंड तो
खामोश हरियाली ओढ़े खड़ा है
लेकिन उनकी निगहबानी में
बकुलाही ले रही जल समाधि
धीरे-धीरे-धीरे।

सई

नदी बह रही थी
धीमे-धीमे-धीमे
दरख्तों की पहरेदारी में
छुप-छुप के

सूरज गवाह बनकर
आसमान में खड़ा था
कि कम-कम बारिशों में
नदी नहीं चढ़ सकी थी
मन्दिर की सीढ़ियाँ

मन्दिर के देवता को
अब भी यकीन था कि
सई सीढ़ियाँ चढ़ उसे
दर्शन जरूर देगी।

लावारिस नदी का दर्द

सो गई सोत नदी
चिर निद्रा में

जिनको आई थी तू बसाने
लगे वही तुझे सुखाने
किनारों को मिलाने
तेरे बाँकपन को मिटाने

उठती है दुर्गन्ध तुझसे
कीड़े लगे बजबजाने
तू आई थी जिन्हें अमृत पिलाने
वही लगे हैं तुझे मिटाने

तूने बाँटा जीवन
सब दे रहे तुझे जहर
चाहे गाँव हो या शहर
खो गई तेरी लहर-डगर

जिससे भी पूछा
किसकी थी ये नदी

कुछ चुप रहे अनजाने
लावारिस थी लगे बताने

तू आई थी जिन्हें बसाने
लगे हैं वही तुझे मिटाने।

झील

झीलों के आईने में
बादल निहारते हैं अपना अक्स

मछलियाँ पुकारती हैं
लहरा लहराकर बादलों को

बादल लपकते हैं लेने चुम्बन
लरजती हुई झील को हर रोज

दरख़्त गवाह हैं इस इश्क़ के मौसम के
वे हवाओं को थामे खड़े हैं, बोलते कुछ नहीं।

पुल

यात्राओं में बड़ी उम्मीद से
निहारता हूँ पुलों को
जिन पर गुजर जाती हैं
रेलगाड़ियाँ धड़धड़ाते हुए

बिना ये सोचे कि
उनके पुलों के नीचे कभी
धड़कते थे दिल नन्ही नदियों के

मुझे यक़ीन है
कयामत के दिन
ये पुल गवाही देंगे नदी की तरफ से
और फैसले होंगे नदी के हक़ में

साँकलें खुलेंगी नदी के पाँव से
और बेहिसाब पानी गुजरेगा

वो एक दिन होगा
जब ट्रेनें, पुल और नदी सबके दिल
एक लय में धड़केंगे
और जीवन का संगीत रचेंगे।

झील और नदी

एक फकीर संग
चले खोजने हम एक नदी
राह में मिली
एक झील, एक नदी फिर झील

सब इकट्ठी हो रचती थीं
एक अथाह जलराशि
सबकी सहमति से
निकलती थी एक दूर तक जाती हुई नदी

नाम कुछ और था नदी का
एक पुराने जमाने में
हारे हुए योद्धाओं ने
युद्ध से लौटते हुए
डाल दिए थे अपने बख्तरबन्द
इसी नदी के किनारे दूर-दूर तक

नदियों ने हमेशा दी है पनाह
हारे हुए योद्धाओं को
लेकिन इस नदी ने तो
ओढ़ लिया नाम हारे हुए समूह का

और वह सेंगर हो गई।

2

झील खो गई कहीं
परदेसी मेहमान पखेरू
अब भूल गए इधर का रास्ता
खत्म हो गई उनकी जमघट
नदी नाम लेकर आगे बढ़ चली

फकीर अपनी बूढ़ी आँखों से
अब भी निहारता है
नदी का अतीत
धान उगे खेतों और
दुर्गन्ध उड़ाती झील के अवशेष में।

हम खाली हाथ लौट आते हैं
फ़क़ीर के पीछे धीरे-धीरे
जिसने सब देखे थे
झील, नदी और पक्षियों के झुंड।

(अलीगढ़ के चिर युवा 76 वर्षीय पर्यावरण प्रेमी सुबोध नन्दन जी के लिए जिन्होंने अलीगढ़ की नदियों-झीलों से परिचय कराया।)

उदास झील

उदास था
और बाँटता रहा था उदासियाँ
कई सदियों तलक
क्या करता मैं?

मुस्कुराती झील थी
जो मन के भीतर
जम गई थी
ढँक गई थी
उदास घनघोर कुहासों तले

साजिश किसकी कहूँ
धूप की, बर्फ की या आसमान की
जिसकी भी हो
ये पिघल रही हैं धीरे-धीरे
नदी फिर से बह चली है।

नदी के पत्थर

नदी माँ है और
पत्थर उसकी गोद में खेलते बेटे
नदी पत्थर को काट-छाँट कर
बना देती है ईश्वर तक

नदी माँ है
वह पत्थर को नहला-धुलाकर
हिला-डुलाकर रखती है
शिशु सा प्यारा

2

सूखी हुई नदी के
वक्षस्थल से निकालकर
देखे हैं हमने
जंग खाए हुए बेजान पत्थर

नदी माँ है
उसकी निस्सीम ममता की आगोश में
खेलते शिशु हैं
ये कठोर पत्थर।

सब डूब जाएगा

माना कि सूखने लगी हैं
छोटी-बड़ी नदियाँ

लेकिन कहता हूँ एक बात दावे से
लाचार होती आँखों से
बहते आँसुओं के खारे समन्दर में
डूब जाएगा सब कुछ
ये दुनिया, घमंड, नफरत आदि-आदि-आदि...

सब कुछ डूब जाएगा।

रेत और नदी

विकास हजारों गाड़ियों के काफिलों में होकर सवार
सुन्दर चिकने महामार्गों के सीने पर चढ़
बढ़ चला है हिमालय की चोटियों पर जमाने प्रभुत्व

सफेद चादरों की बिछी बर्फ
मारे डर के कपूर बन उड़ रही

नदियों ने पत्थरों को तोड़कर
बनाए थे जो रेत के बिस्तर
घुसती जा रही हैं अब वे उनके ही अन्दर

सब रेत में विलीन हो जाएँगी नदियाँ
विकास तेजी से चढ़ रहा दुनिया-भर के पहाड़ों पर।

दरख़्त

जलती हुई सफ़ेद धूप में
मुरझा जाते हैं रोज ही
लेकिन छाँव कहाँ छोड़ते हैं
ये खड़े दरख़्त

बेचारे बेहाल हैं
अभी बसन्त में ही तो आई थीं
नई-नई ललाई हुए कोंपलें
लो अब मुकाबिल हैं
गरम धूप और नरम पत्ते।

आग, धुआँ, राख

आसमान से आग बरसती है
और जल रहे हैं दुनिया-भर के जंगल
अपनी ही बड़वाग्नि में

घने बादलों बीच
चमकती हुई तड़ित देखकर
सोचा था कि
अथाह पानी के सीने में
छुपी होती है कहीं आग

वह आग जब तारों में दौड़ती हुई
पहुँची थी मेरे गाँव में
तो एक शाम के धुँधलके में
नीम के पेड़ पर ठुकी एक कील पर
नीली छतरी लगाए जल उठी थी बिजली
तब भी मैं यही समझता था कि
पानी ने ही पैदा किया है इस आग को

उस शाम बहुत खुश थे गाँव के बच्चे
और पोपले मुँहवाले बूढ़े भी

जिन्होंने रात का मतलब सिर्फ अँधेरा समझा था
कीट-पतंगे भी नाचते रहे थे सारी रात
मारे खुशी के
मैंने देखे हैं उन गाँवों के

नीम के पेड़ और बच्चे भी
जहाँ धधकता है कोयला निरन्तर
सफेद धुआँ आसमान को
तो काली राख गाँवों को ढँककर
श्मशान बना देती है

यहाँ बिजली अथाह पानी की कोख से नहीं
आग, धुएँ और राख से होती है पैदा
यहाँ गाँव, घर, पेड़, और
बच्चे से लेकर पोपले मुँहवाले बूढ़े
सबके जीवन में फैल चुका है अँधेरा घना

हम शहर के लोग एक बटन दबाते हैं
बल्ब न जले तो कोसते हैं

जाने किस-किसको
इस बात से लापरवाह कि
आसमान से बरस रही है आग
जल रहे हैं दुनिया-भर के जंगल
जबकि हजारों लाखों की जिन्दगी
राख तले दबकर श्मशान हो चुकी है।

जल समाधि

जाने कितनी सदियों से
बह रही थी नदी

लेकिन अभी-अभी
बहुत दुखी हो चली थी नदी
अपने तिरस्कार से

नदी ने भरी सभा में
संकल्प लिया था
जल समाधि का

कुछ लोगों ने
कोशिश की थी
उसे मनाने की

लेकिन नदी आँखों में आँसू भरे
नंगे पाँव रेत में खड़ी
दृढ़ संकल्प थी
जल समाधि लेने को

नदी जब हो रही थी
अदृश्य धीरे-धीरे
सिमटकर एक हो रहे थे
दोनों किनारे

नदी के किनारों पर खड़े
किंकर्तव्यविमूढ़ से
शान्तनु, भीष्म और भगीरथ
एक साथ वंचित हो रहे थे
प्रेम, वात्सल्य और उद्धार से।

पाबन्दी

यही एक शब्द है
जिससे सख्त नफरत है मुझे

ऐसा नहीं कि
मैं खुश नहीं
ठंड है और कम्बल में लेटे हुए
ब्लोअर से गर्म हवा लेते हुए
अपने पसन्द की मूवी देखना
मामूली बात तो है नहीं

लेकिन मुझे ज्यादा पसन्द है
भारी ठंड में
सायकिल के घिसे हुए टायर को
उसकी पुरानी रिम को
डंडा मारकर नंगे पाँव दौड़ाना
अपने गाँव की धूल भरी सड़कों पर

लेकिन यह सब मनमानी करने पर
दूसरों की थोपी हुई पाबन्दी से

मुझे सख्त नफरत है

पाबन्दी
हाँ यही एक शब्द है
जिससे सख्त नफरत है मुझे।

सर्द रातें

रोते रहे कुत्ते रात-भर
मोहल्ले के
गर्म लिहाफों में लिपटे हुए
कोसते रहे लोग कुत्तों को रात-भर

कुछ ने सोचा
चोर घुस आए हैं
घने कुहरे की आड़ में

परन्तु सच ये है कि
घनघोर ठंड में आज की रात
फिर एक पिल्ला मर गया।

सर्द मौसम के पिल्ले

हर साल सर्द मौसम में
बहुत सारे नवजात पिल्ले
आते हैं आवारा गलियों में

कुत्ते कहीं नहीं दिखते
उनकी कुतिया माँ
उठाती है एकतरफा
सारी जिम्मेदारी
आवारा कुत्ते कहीं नहीं दिखते

मुश्किल ये है
शहर बड़े निर्दयी हैं
गली के पिल्लों के लिए
रोज दुर्घटना, रोज मौत और टूट-फूट

गाँव के छप्परों-गोठौलों में
छुपकर बच जाते थे पिल्ले
बड़े होने के लिए
लेकिन शहर में?

भोजन की तलाश में
कारों की रफ्तार से मुठभेड़ लेती
कुतिया माता भी जब
मार दी जाती है
तो उनके अनाथ पिल्ले
रोते हैं रात-भर भूख और ठंड से

कार की गर्म सीट पर बैठे
विलायती कुत्ते
बहुत भौंकते हैं
गली के पिल्लों पर।

बन्दरों का क्या है
वे तो हैं ही संवेदनहीन
पैदाइशी मुफ्तखोर लुटेरे
जो पिल्लों की सूखी रोटियों पर
डाका डालने से बाज नहीं आते

ठंड आती है हर साल
पिल्ले भी आते हैं नवजात
और जान गँवाते रहते हैं
संवेदनहीन शहर में।

यहाँ तितलियाँ अब नहीं आतीं

कितना समय हुआ बीते बसन्त को
बगिया में फूल अभी भी लगे हैं
डालियों पर

भौरों का कुछ पता नहीं
शायद भूल गए पराग चूसना
हाँ मच्छर जरूर भिनभिना रहे हैं
फूलों के इर्द-गिर्द
जैसे यही बनाएँगे अब
नई किस्म की शहद

रंग-बिरंगे पंखों वाली तितलियाँ
जाने कहाँ चली गईं
लगता है मौसम ही कुछ
बदमिजाज-सा हो चला है अब।

बेहया के फूल

गुलाबी रंग के फूल
केवल गुलाब के काँटों की
पहरेदारी में ही नहीं खिलते

और न कीचड़ में केवल कमल खिलते हैं
तालाब किनारे की नमी में उगते हैं
गुलाबी फूलों वाले बेहया के पौधे
जिनके पैरों में फँसे शैवालों के जाल में
छुप जाती हैं छोटी मछलियाँ
बचने के लिए मछुआरों के जाल से
लेकिन साँपों से कहाँ बच पाती हैं मछलियाँ

जब भी गुस्साई हुई माँ
पीटती थी अपने लड़कों को गाँव में
तो बोलती थी एक मुहावरा
का 'बेहया हो गईल बाट'

बेहया होना प्रतीक है अदम्य जिजीविषा का
बेहया के शरीर का एक टुकड़ा भी
एक जंगल बसा सकता है

गड़ही या तालाब किनारे की जमीन में
और गुलाबी कर सकता है सारे मौसम को

दुख ये है कि गुलाब घर-घर पहुँच गए और
बेहया उजाड़ दिए गए सारे तालाबों से
और छोटी मछलियाँ
अनाथ हो गईं।

यमुना : नानी की नदी

यमुना किनारे खड़े बीहड़ों को
पार करके जब दिखती है नदी और उसका पुल
तो पता चलता है
कितना मजा आता है ससुराल जाने में
बहुत मजा आता है
बच्चों को भी
जाने में नानी के घर

2

बच्चे जब भी जाते हैं नानी के घर
यमुना को करना होता है पार,
यमुना का आना
होता है नानी के घर का आना

नदी घर है पानी का
और नदी के पार घर है नानी का
नानी जब नानी नहीं बनी थी
वह माँ का घर था
जहाँ से विदा हुई सत्तो

3

नानी नदी नहीं थी
लेकिन वह हिमालय जरूर थी
बाहर से बहुत कठोर दिखती थी
लेकिन प्यारी बहुत थी नानी

'सत्तो' उसकी एक छोटी-सी धारा थी
जब मैं चला था नानी के घर से
विदा कराकर सत्तो को
तो कितनी ही नदियाँ पार करनी थीं हमें
नानी की नदी को पार करने पर
वह बहुत रोई थी
उसके आँसू खारे थे
यमुना के जल की तरह

4

गंगा, सई, गोमती, घाघरा
कुआनो, आमी, राप्ती सात नदियों को
पार कर पहुँची थी अपने ससुराल 'सत्तो'
नानी की नदी से दूर होने के एहसास से
उसके हृदय में दर्द का हिमालय
ऊँचा होता जा रहा था

5

सत्तो जब भी जाती है
मिलने मेरे बच्चों की नानी से
यमुना किनारे पहुँचकर
भेजती है एक तस्वीर
बताने को मुझे कि
उनका काफिला पहुँच गया है
बच्चों की नानी की नदी के पुल पर

6

नानी अपने बच्चों के संगम से
अब समन्दर हो जाती है

नानी होना हिमालय का
समतल समन्दर हो जाना है।

तेरा यूँ लौटकर आना

ठंड लौट आती है बार-बार
जैसे नैहर के मोह में
बार-बार लौट आती हो
कोई नव परिणीता
अपने बाबुल के आँगन में

पीली धूप पसरती तो है
प्रिय के प्रेम की तरह
उसे बाँध लेने को
अपने आलिंगन में

परन्तु उसके आँसुओं की
धीमी अविरल धार
सारे जहाँ को भिगोकर
ओस-ओस कर देती है।

पेड़ चीरने की मशीन

एक बगीचा था गाँव के पूरब में
केवल आम फलते थे उसमें
और एक लड़का टिकोरे से लगायत
अन्तिम पके आम तक

पेड़ के डाल के पुलई-पुलई तक चढ़कर
खोजता रहता था
कच्चे-पक्के आम
बेहद पसन्द थे उसे आम

मुझे याद है
उस लड़के के बाप ने
अपने खेत के मेड़ों पर
रोपे थे ढेर सारे पेड़
और एक बार गाँव के हर घर को
बाँटा था आम और अमरूद के पेड़ के जोड़े

2

उसी आमखोर लड़के ने
अब अपनी जवानी में

आम के बगीचे के ठीक सामने
लगा दिया है पेड़ चीरने की मशीन
बगीचे के बूढ़े और सूखते पेड़ों के
सीने पर रोज चलाता है वह आरियाँ और
चीर देता है उनके अंग-प्रत्यंग

बगल के खलिहान जिस पर
पसरता था धान
उसके सीने पर पड़ी हैं ट्रकों लकड़ियाँ
जो जुटाई जाती हैं
कितने ही बगीचों के संहार से।

नीति, अनीति, कुनीति

ख़ामख़ा

मौका ए वारदात से गैर-हाजिर
मौके पर हरदम हाजिर
एक लोमड़ी-सा चालाक आदमी
फुसफुसाता रहता है यहाँ

हम तो यहाँ भेजे गए थे ख़ामख़ा
और चले भी जाएँगे ख़ामख़ा
ए मेरे महबूब शहर
न तुझे जी भर के देख सके
न ही मिल सके मुक्कमल

वो सबके हिस्से खाता रहा
चबाता रहा।

शहर में बन्दर

इनसानों ने जंगलों को
शहर बनाया तो
बेचारे बन्दर हैरान थे
उनके करिश्मे से

इनसानों की अधीनता को स्वीकार कर
बन्दरों ने पूँछ का झंडा बनाकर
फहरा दिया पेड़ों की चोटी पर और
गाया शहरी स्वागत गीत

फिर उधमी शैतान बन्दरों ने
शहरों को कर दिया घोषित
अपना नया जंगल
अब बन्दर और इनसान में
छिड़ी है जंग मुसलसल
रोज ही शहर में।

लंठ बन्दर

खा जाते हैं
पत्तों और फलों को
लंठ बन्दर
और करते हैं
तहस-नहस भी 'वे ही'
बगीचों को

देखकर हरकतें बन्दरों की
होता है यकीन
अपने ही चमन को
उजाड़ता हुआ आदमी
सच्चा मानस पुत्र है बन्दरों का।

मेला

लाखों का मेला
करोड़ों का झमेला
पब्लिक का रेला
मिठाई का ठेला

आसमान में
रोज उड़ता है
रंग-बिरंगा उड़नखटोला

दे दे गोला
गिराओ ओला
लाखों का मेला
करोड़ों का झमेला
पब्लिक का रेला
मिठाई का ठेला।

इन्तज़ार

जागते रहे हम रात-भर
एक खत के
इन्तज़ार में
ना नींद आई
न खत आया
तकती रहीं आँखें रात-भर।

देख लेंगे

जाने कितने बेचारे
राह देख रहे हैं वर्षों से
मेरे आने की

जिन्होंने समय-समय पर
पढ़ा था धमकी मंत्र
मैं 'तुम्हें देख लूँगा'

बरस-पे-बरस
गुजरते गए यूँ ही लेकिन
ख्वाहिश पूरी ही नहीं होती
हसीं यारों की
मुझसे रूबरू मिलने की दोबारा

और हम हैं कि
बेफिक्र राहों में भटकते हैं।

शब्द

हमने किया प्रेम
गाए गीत
सुनी चिड़ियों की रागिनी
महकी फूलों की सुगन्ध

निहारा बारिशों की टपकन को
बोई फसलें
जोते खेत
बन्दरों पर चलाई गुलेल

नाव चलाई नदी में
उतारा कितनों को पार
फेंका जाल पानी में
पकड़ी कुछ मछलियाँ

ऐसे ही जाने क्या-क्या
करता गया और
एकत्र किए शब्द
रचता रहा महाकाव्य

ढूँढ़ते रहो इनमें
सुर-लय-ताल-छन्द
अलंकार और व्याकरण
ये तुम्हारा है काम, मेरा नहीं।

बकरियाँ धूप सेंक रही हैं

गाँव के दक्षिण तरफ
जहाँ हुआ करते थे
झुंड झोपड़ियों के
कभी
वो अब बिला गए

पक्के मकानों के छत पर
अब पसरती है गुनगुनी धूप
बसन्त की
और फेरई के मुसमाति के छत पर
धूप सेंक रही हैं बकरियाँ
चबाते हुए हरा चारा

जब बकरियाँ सोती थीं छप्परों में
लोमड़ी और सियार
टाटियों में काट देते थे सेंध और
शहीद हो जाती थीं बकरियाँ मुफ्त में

गरीब की जोरू की
गाँठ में जो अर्थशास्त्र बँधा होता है

उसका आधार होती हैं बकरियाँ

अब बकरियों को मिल गई हैं
पक्की सीढ़ियाँ और धूप वाली छत
जहाँ बकरियाँ और उनके गोसयें
साथ-साथ धूप सेंक रहे हैं
गाँव के दक्षिण में।

अँधेरे

काली रात के
घने अँधेरों को
बुहारने के वास्ते

जागना होगा
जुगनुओं को सारी रात
सुबह का आना तो तय है कब से।

पुस्तकालय में पिल्ले

पिल्ले कोई किताब खोजने नहीं गए थे
पुस्तकालय में
वे तो सालों बाद
इधर आए इनसानों का चेहरा देख
हालचाल पूछने के वास्ते
बैठ गए थे उनके पैरों के पास

जब चाय के साथ बिस्किट आया
तो पिल्ले कूँ-कूँ करते
खिसक आए और करीब
हमने उन्हें खिलाए बिस्किट

बन्द होती किताबों की दुकान
और पुस्तकालयों से गायब होते नौजवान
उधर इन्तजार करते पिल्लों को
एकदम तन्हा कर गए हैं।

कबूतर

कितना चालाक
मक्कार और अमीरी पसन्द
होता है ये गुटूर गूँ करता कबूतर

कभी अमीर प्रेमियों की चिट्ठियाँ
इधर की उधर करने वाले ये कबूतर
किसी झोंपड़ी में घरौंदा नहीं बनाते
पक्के घरों की प्लास्टर पर
चूना लगते ही
मँडराने लगते हैं ये एलीट

कबूतर इनसानों की खोज कीजिए साहब
रंगीन इमारतों से
झोंपड़ियों की तरफ धकेलिए इन्हें
मक्कार चापलूस कबूतरों को।

इतिहास

उनके हिस्से की उन्होंने कही
तुम्हारे हिस्से की तुमने कही
गाई-बजाई, घूम-घूम के सुनाई

कुछ तुमने छुपाई
कुछ उसने छुपाई
सबने दी अपनी-अपनी गवाही

सुनने वालों ने
बयान लिखने वालों ने
कुछ तुम्हारी सुनी, कुछ उनकी सुनी

हम तो तमाशबीन रहे
हमने सबकी सुनी
हमने सबकी गुनी

कुछ तब लड़ लिये
कुछ अब लड़ रहे
कुछ लड़ेंगे फिर कभी

कुछ की जिल्द खुल चुकी
कुछ की बन्द है अभी फ़ाइलों में
तारीख वही किरदार वही
बस कहानियाँ हैं नई-नई

मनगढ़न्त कहानियाँ इतिहास हो गईं
बाकी लिखी-पढ़ी सब बकवास हो गईं।

साँपों का शहर

एक सपेरे ने घूम डाले
सारे खेत और जंगल
विषधरों की खोज में

एक-एक बिल और बाँबी में
निहारकर देखा गौर से
लेकिन दर्शन दुर्लभ रहा

कुछ देर बाद दिखी उसे
शहर जाने वाली लीक
पता चला बोने के लिए जहर
सारे विषधर चले गए हैं शहर।

किलहटें और विषधर

बसन्त बीत गया
गुनगुनी सर्द बयार
अब शुष्क हो चली है

अँधेरी अतल सुरंगों में
छिपे विषधर फुँफकारने लगे हैं

सियार तो रातों में रोकर बताते हैं
गमगीन मौसम का मिजाज

लेकिन खुफिया नजर वाली किलहटें
निगाह रखती हैं
विषधरों की चाल पर
जलती सफेद धूप में भी

रक्तिम पुष्प वाले अशोक
पीताम्बर ओढ़े अमलतास
और सुर्ख लाल गुलमोहर
किलहटों का हौसला बढ़ाए हुए हैं।

सुनो अंकल सैम

हथियारों के व्यापारी
दुनिया-भर में बेचते हैं
साजो-सामान तबाही के

आप समझे थे
वे पहरेदार हैं अमन के

ज़नाब संगीनों के साये में
इल्म, अमन, शान्ति, सुकून
नहीं बसा करते हैं।

सब सच है

बड़ी मेहनत लगती है
झूठ को सच साबित होने में
खर्च होता है कितना कुछ
वकील-दलीलें-नजीरें जुटाने में

वक्त भी तो कितना लगता है
फैसले लिखने और सुनाने में
दर्द बहुत होगा बेशक तुम्हें
झूठ को सच मान लेने में।

उसके मेहनत की कद्र करो अभी
अक्ल भी तो कितनी लगती है
झूठ को सच बनाने में
फर्क क्या है अब
उसके जीतने और तुम्हारे हार जाने में।

भूत गाँव

वो गाँव जहाँ नहीं जाते थे रास्ते
और हरी दूब के बीच
जहाँ उग आईं थीं पगडंडियाँ
पसरी रहती थी जहाँ छाँव पत्थरों पर।

जब जिन्दगी पहाड़ हो चली और
छाँव लुट गई थी देवदारुओं की
लोग छोड़ गए अपने गाँव
अब संगीनों के साये में
करेंगे रखवाली कुछ सिपाही
जो खुद वीरान कर आए हैं अपने गाँवों को।

छल

जब भी देखता हूँ
उसके चेहरे को
एक मलाल-सा वहाँ दिखता है।

कितना छला है जमाने ने उसे
एकदम साफ पता चलता है
दोस्तों मुझे वो शख्स
दुनियादारी में थोड़ा कच्चा लगता है।

उम्मीद

कितनी भी कड़क हो धूप
और समय हो बंजर

युद्ध और उदासी के घोड़ों के
लौह नाल से
कितनी भी रौंद गई हों
दूब, फसलें और नस्लें

उम्मीद की बूँदों को छिड़कते रहना
बंजर जमीन पर क्योंकि
हरियाली एक आदत है
उगकर वापस आती ही रहेगी।

तमस

तकरीर उसने ही की अमन की
लगाई थी आग जिसने
शहर की बस्तियों में

गाँव-गाँव, शहर-शहर
हर आँख में खौफ और डर
टूटा भरोसा और सबर

उजड़ गए घर कितने
मर गए बेगुनाह कितने
निकले जो बेबस कदम
बाहर अपने ही घरों से
महफूज ठिकानों की तलाश में
दिखी हर तरफ आग
और मंजर सब धुआँ-धुआँ

2

अमन का पैगाम लेकर घूमते हैं
अब वही सौदागर सियासत के

जिसने थमाई थी माचिस
उस मासूम के हाथों में
जो था बेखबर आग और धुएँ के खेल से।

(भीष्म साहनी के उपन्यास 'तमस' पर महान फिल्मकार गोविन्द निहलानी निर्देशित 5 घंटे लम्बी फिल्म को देखने के बाद लिखी कविता। इतिहास सबक देता है कि हम वो गलतियाँ न दोहराएँ जो पहले कर चुके हैं लेकिन हम सुधरते कहाँ हैं।)

रात है ये

बुझा दो सारी नकली ढिबरियाँ
जो टँगी हुई हैं
हर गली-नुक्कड़ और चौराहे पर

शाम ढली है
हँसिये-सा चाँद उगा है
बना रहे हैं सितारे पंचकोण
फलक पर हर कहीं

इस शाम से रात तक के सफर को
गोबरी पहलवान के भैंसों के
घर लौट आने के समय से पहचानो
जो कन्धे पर बाँस का डंडा रखे
चल रहे मन्थर गति से
और ये शाम चाँद और सितारे
सब उनकी निगहबानी में हैं।

सीढ़ियाँ

कहाँ होती हैं उनके पास
और कौन बनाएगा उनके लिए
पक्की सीढ़ियाँ
जिनकी कमर कूबड़ हो चुकी है
इस भरोसे के बोझ से
कि कोई विकल्प नहीं होता मेहनत का

उनके पास तो होती हैं
अपने पिछवाड़े लगे कोठ से
काटे गए कच्चे-पक्के बाँस की सीढ़ियाँ

दीवारों के सहारे खड़े
दो समानान्तर बाँसों के बीच फँसी
कई समानान्तर फट्ठियाँ
आकार लेती हैं सीढ़ियों का

अगर एक-एक करके तोड़ दी जाएँ
ये फट्ठियाँ
जो होती हैं सहारा नंगे पाँवों का

तो बचेंगे बस दीवारों से लगे दो तिरछे बाँस

पक्के छत वालों की पक्की सीढ़ियाँ
होती जा रही अजर-अमर
बेरहमी से बिखेरे जा रहे
फट्ठियाँ, बाँस और सीढ़ियाँ
और अब तो घरों के ढहने की भी नौबत है

एक तरफ उफना रहा है समन्दर
तो उधर सूखी जा रही हैं
गाँव-गाँव की छोटी-छोटी नदियाँ।

चौराहे का पत्थर

कल पैदल गश्त करते समय
टकरा गया एक पत्थर पैर से
जो पड़ा था चौराहे के बीच
उबड़-खाबड़ गड्ढों में

पैरों की ठोकर से
इधर-उधर होते पत्थर पर
नहीं था ध्यान किसी का
सायकिल सवार एक मजदूर
जरूर लड़खड़ाया था
उस पत्थर के चक्कर में

शहर आपाधापी में
पसीने से तरबतर था
सिपाही तेजी से भागते लोगों पर
कड़ी नजर रखे हुए थे

चौराहे के चारों कोनों के दुकानदार
पत्थर की हरकत देखकर भी
एकदम चुप थे

बढ़ी हुई जिम्मेदारियों के बीच
तय होनी थी पत्थर की मंजिल
सड़क, दीवार, छत या किसी का सर
पत्थर इन्तजार के लम्हों में
ठोकरें खा रहा था
एकदम चौराहे के बीचोबीच।

केंचुआ महल

सावन आया, बादल छाए
बारिश हुई, मिट्टी गीली हुई

केंचुओं के राजा ने सोचा
हवामहल बनाने का समय आ गया है
दरबार लगा, दरबारी जन जुटे
महल बनाने का प्रस्ताव
सर्वसम्मति से स्वीकृत हुआ

मजदूर-मिस्त्री सब बुलाए गए
और काम पर लगाए गए
राजा के वादे और
प्रजा के सपनों का ऊँचा महल
लेने लगा आकार

प्रजा ने भी अपने लिए बनाए
छोटे-छोटे हवादार मिट्टी-महल
रेंगने वाले केचुओं के महल
और बढ़ते दखल की खबर

दौड़ने वाली चींटियों को हुई

मिट्टी खोदकर 'मृतकों का टीला' बनाने में
सिद्धहस्त ईर्ष्यालु, धूर्त चींटियों ने
अपने टीलों को घोषित किया
'बारिशों के देवता का मन्दिर'
लम्बी कतारों में पंक्तिबद्ध हो
चींटियों ने देवता की साधना की।

2

आसमान में उड़ते चुगलखोर कौओं ने भी
केंचुओं के हवामहल पर डाली टेढ़ी नजर

कौओं को पसन्द था
केंचुओं का लचीला गोश्त
वे भी नाराज से थे केंचुओं की खुशी से
चोंच आसमान की तरफ कर
उन्होंने भी बारिश देवता से गुहार की

चींटियों की सेना ने
केंचुओं के हवामहल पर
आक्रमण कर मृतकों के टीलों में बदल दिया
राजा के वादों और प्रजा के सपनों का महल
तबाह हो गया

जल देवता ने भी
साजिश में साथ दिया
मूसलाधार बारिश हुई
चीटियाँ कौओं की मदद से

पेड़ों की बाँबियों में घुस पानी उतरने का
इन्तज़ार करने लगीं

बेचारे उजड़े हुए महल के केंचुए
पानी पर तैरने की नाकाम कोशिश में
कौओं के शिकार बने

पानी उतरा तो चींटियाँ
मृतक केंचुओं को कन्धों पर लाद
अपने टीलों पर ले गईं
चालाक धूर्त चींटियों ने
आयोजित किए महाभोज और
कई दिन खुशी से नंगा नाच किया

इस तरह राजा के वादों और
प्रजा के सपनों का महल जमींदोज हुआ
यही सच है कि
गरीबों के
वादे, सपने, महल और राजभोग
होते हैं
सब बर्बाद, तबाह होने के लिए ही
क्योंकि धूर्त चींटियों और चुगलखोर कौवों को
पसन्द नहीं कमजोर केंचुओं का सुख।

स्टील फ्रेम बनाम केंचुआ प्रेम

एक दिन सरदार
लगाए बैठे थे दरबार
तभी एक आदमी ने
अपनी शिकायत पेश की

सरदार आपने जो सपना देखा था
स्टील का मजबूत ढाँचा बनाने का
वह दरअसल जब बना तो
इंजीनियरों ने उसमें
स्टील की जगह
लोहा फँसा दिया
सीमेंट बालू और ईंटो के बीच
फँसे-फँसे लोहे में जंग लगती गई

सरदार
एक दिन हुआ यूँ कि
सारा ढाँचा भच्च से जमींदोज हो गया
और जमीन पर फैल गए
ढेर सारे केंचुए

ये केंचुए मिट्टी पर
घिसट-घिसट कर
लिथड़-लिथड़ कर
रेंगने लगे और बनाने लगे
मिट्टी के कई मंजिला ढाँचे

सरदार आपने सपना देखा था
स्टील के मजबूत ढाँचे का
देखिए वह लोहे से होते हुए
मिट्टी तक पहुँच गया
केंचुओं ने सर्वसम्मति से
मिट्टी के फ्रेम का प्रस्ताव
पारित करा लिया है

सरदार
केंचुए कहते हैं कि
जमीन पर लोटकर
रीढ़ विहीन होकर क्षैतिज रेंगने में
घिसटने में बड़ी सुविधा होती है
क्योंकि जब भागने की जरूरत हो
हम तेजी से बिलों में घुस जाते हैं
ये भूलकर कि कभी-कभी
जानलेवा बाढ़ भी आती है

सरदार
जमीन पर रेंगने से
इनके नीचे गिरने और
रीढ़ टूटने का भय समाप्त हो गया है
हमेशा-हमेशा के लिए

सरदार
ये केंचुए कभी-कभी इच्छाधारी साँप का
रूप धर लेते हैं
जमीन पर रेंगते-रेंगते
कभी-कभी ये फुँफकारने भी लगते हैं
ये कभी-कभी सीधे तनकर खड़े होने की भी
कोशिश करने लगते हैं
अपने से कमजोर जीवों को देखकर
जिनमें दिख जाती हैं उन्हें
सीधी तनी रीढ़
क्योंकि वे जताने की कोशिश करते हैं कि
उनका स्टील-लोहा सलामत है
और रीढ़ के अवशेष भी बचे हैं

सरदार
हमें बस इसी फर्जीवाड़े
और बहुरूपियेपन से
सख्त एतराज है
या तो ये स्टील हो जाएँ
या रेंगते केंचुए ही बन जाएँ
ताकि हम इनको सही-सही
पहचान सकें

सरदार ने यह सब सुनकर
आँखें बन्द कीं
एक आह भरी
आँखों से कुछ बूँदें टपकीं
और वे दुखी मन से
सदा के लिए चले गए।

एक और माँझी

पहाड़ के पत्थर काटकर
रास्ते बनाने का काम तो हो गया माँझी
लेकिन विशालकाय दुर्धर्ष
'काले साजिशी चट्टानों' में घिरी
कसमसा रही है एक झील
नदी बन बहने को
कई सदी से

बेजुबान की आवाज बनने का
प्रहसन खेल रहे कुछ बदजुबान
कर रहे जोर आजमाईश
जैसे उनके नाटक से
झील का मुँह खोल
बह निकलेगी नदी न्याय की
लेकिन यह छलावा है, भ्रम है

इस नदी को हर गाँव, घर, गरीब तक
ले जाने और बहाने के लिए
चाहिए हजारों माँझी
जो काटते रहें निरन्तर 'काले पहाड़'

अपनी कुदालों और हथौड़ों से

जब काले चट्टानों से मुक्त होगी नदी
माँझी को खेवनहार बन
रखनी होगी निगरानी भी
क्योंकि नदियों पर हर वक्त
बाँधों से घिरने का खतरा है

माँझियों को कुदाल और पतवार
दोनों को हरदम रखना होगा तैयार
ताकि बहती रहे न्याय की अविरल धार।

मदद

जब भी जरूरतों में
साँकलें खटखटाई हमने
कारखास, बहुत खास
ऊँचे मुकाम वालों के किवाड़ों के
सबने कहा लाचार हैं वे बहुत
सब कुछ हाथ में थामें
वे बोलते हैं कुछ नहीं उनके हाथ में

हम हरदम तैयार मिले
जब भी किसी ने दस्तक दी
पुकारा मुझे अपने लिए

मैंने थके-हारे मन से सोचा
क्या बला है दुनिया और
ऊँचे मुकाम वाले लोग।

लोमड़ियाँ

जब धूर्त लोमड़ियों की हुकूमत थी
निज़ाम, हाकिम और लम्बरदार
सब तरफ लोमड़ियाँ-ही-लोमड़ियाँ थीं

जब निज़ाम का दरबार लगता था
सुसज्जित परिधानों में सजे-धजे
सॉफिस्टिकेटेड लोमड़ होंठों पर मुस्कान बिखेरे
हाकिमों की मधुर भाषा में
नजाकत और नफासत से गाते थे रागदरबारी
सब एक धुन में बजते थे हारमोनियम की तरह
मुकदमे बहस और सुनवाई
सब लोमड़ियत से सराबोर रहता

चूहे, खरगोश सब व्यस्त थे
अपने खेत-खलिहानों में
दीन दुनिया से बेखबर हमेशा की तरह

2

लोमड़ों के बीच में
किसी का घुसना आसान न था

फिर भी कुछ लोग घुसे डरते-डरते
सबने मिलकर बनाई एक किताब
कुछ खरगोश चूहे हाकिम भी बन गए

धूर्त लोमड़ियाँ बहुत नाराज हुईं
सॉफिस्टिकेशन का चोला फेंक
उन्होंने खूँखार रूप धर गुर्राना शुरू किया
गाँव सिवान जंगल सब जगह छोड़
लोमड़िया शहर में इकट्ठा हुईं और
घेर लिया हाकिम का दरबार
होने लगा विज्ञापन डर, दहशत और शोर का

खरगोश और चूहे डर के मारे
दरबार में जाने की हिम्मत भी नहीं जुटा पाते
निज़ाम हकीम लम्बरदार सब बने
खरगोश और चूहों के वंशज
परन्तु लोमड़ियों की
जन्मजात धूर्तता के घेरे
वे अब भी नहीं भेद पा रहे

अब यह अनुत्तरित सवाल
खरगोश और चूहों के सामने
मुँह बाए खड़ा है कि
वे लोमड़ियों से मुकाबिल होने को
कौन सी रणनीति बनाएँगे?

पीढ़ियाँ

अभी कुछ दिनों पहले
माँ और बाबूजी आए थे साथ रहने
एक सुबह बाबूजी की हथेलियाँ
अपने हाथों में थामकर
मैंने महसूस किया

कितने मजबूत हैं
उनके सत्तर पार के हाथ
और उनके मजबूत हाथों में
मेरी दुबली हथेलियाँ, पतली अँगुलियाँ
बचपने में खिंची चली गईं

कुदाल से कलम और
फिर कलम से कुदाल तक की
यात्रा की है उनके हाथों ने
हमारे हाथों ने भी की
कुदाल से कलम तक की यात्राएँ

लेकिन हम कलम के होकर रह गए
यहीं से हथेलियों और अँगुलियों का

मजबूत होना रुक गया
मैं आश्वस्त हुआ
उनकी खुशी और मजबूत हथेलियाँ थामकर

किसान पिता और उनकी कुदालें
खुद मुख्तारी का पैगाम हैं
हर दोपहर चद्दर तानकर सोने वाले
पिता की नींद में खलल डालने का साहस
पतरौल और अमीन भी न कर सके कभी

मजबूत हाथ-पैरों वाले किसान पिता
उम्मीद से भरे हुए
मेरे बेटे के साथ खेलते हैं
फुटबॉल का खेल
और मैं दोनों को देखकर खुश होता हूँ

वे दोनों मेरी तरह
नौकर या ग़ुलाम नहीं हैं
किसी भी साहब, हाकिम या निज़ाम के।

इतराते रहो

शहद के समन्दर में
भीगे हुए इतरा रहे थे वो

मधुमक्खियाँ सारी दोस्त बन
चाट रही थीं उनकी ही देह

वो शहद-सी मुस्कान लिये
मधुमक्खियों को रिझाने में लगे रहे

यही सच दर्ज हुआ
इस शहद जैसे चिपचिपे वक्त का।

चलते जाना है...

बादशाहों ने बसाए
जाने कितने ही
बाद, पुर, गढ़ और गंज

और डाल दी खामखा
ज़िम्मेदारी हम पर कि
हम मुसाफिर बन नापते रहें
‘उनके’
गंजों, गढ़ों, पुरों और बादों की दूरियाँ
उनकी खुशी के लिए

चुगलखोर बगुले

बगुले स्वभाव से ही 'सफेदपोश'
स्वच्छ ध्वल रंगत वाले चुगलखोर
चुग रहे हैं मोती
खेतों की मेंड़ से लेकर
शहरों की पॉश कालोनियों तक

बगुले बैलों से लेकर भैंसों तक
सबके सलाहकार बन
कान में कुछ फूँकते नजर आते हैं

भैंसे तो ठहरी बहरी-सहरी
उनके कान में कोई गाना गाए
या सुनाए बीन की धुन
अब तक करती रही हैं
भैंसें सबको 'इग्नोर'

लेकिन बगुले बीरबल बन
करते हैं जब कान में गुदगुदी
भैंसें खुद को बादशाह समझ
भर मुँह चारा खींचती हैं चर्र-चर्र

घास के साथ उखड़ आती है
कीड़ों भरी मिट्टी
कीड़े बन जाते हैं शिकार
बगुलों के नुकीली चोंच के

चुगलखोर बगुले
भैंसों के सहारे करते हैं
निरीह कीड़ों का शिकार
क्योंकि यही है
इनका 'जीवन व्यापार'।

अपने हिस्से की धूप

बेचारा आदमी कितनी उम्मीदों से
बनाता है तिनका-तिनका जोड़कर
सपनों का एक घर
ताकि मिल सके
घर की छत से
उसे अपने हिस्से की धूप

किन्तु छतों पर कब्जा कर लेते हैं
बदमाश खानदानी बन्दर और
आदमी अपने हिस्से की धूप से
वंचित होकर स्वीकार कर लेता है
बन्दरों का आधिपत्य

इस तरह घर बन जाता है
एक मन्दिर
जिसकी मुंडेर पर
बैठे रहते हैं पूँछ हिलाते बन्दर।

गुर्राहट

ठंड बहुत थी
और मैं खुद को समेटे बैठा था
एक कोने में

उत्तर दिशा से एक काला कुत्ता आया
और मुझ बेचारे पर जोर-जोर से भौंकने लगा
डरकर और सिमट गया मैं
एकदम चुपचाप अपने कोने में

शोर सुनकर
दक्षिण दिशा से दूसरा काला कुत्ता आता दिखा
उसने एक शान्त पर दूसरे को भौंकते देखा
उसने मामले को समझा
मुद्दा काले कुत्तों का निकला
सो दूसरे काले ने पहले काले के खिलाफ
खोल दिया जिहादी मोर्चा

दोनों काले कुत्ते एक-दूसरे को
गुर्राते-गरियाते रहे

मैं अपने कोने से चुपचाप
उनको देखता सुनता रहा
फिर ठंड में मामला ठंडा पड गया।

धरती से संगत

शहर की ठंड में
दुबके हुए हैं
घरों वाले लोग

पक्की सड़क से बचकर
किनारे की कच्ची धरती से
संगत करते दो जोड़ी नन्हे नंगे पैर
चले जा रहे हैं बेपरवाह
ठंड से और शहर वालों से
बस उनके गाँती बँधे कन्धे
जुड़े हैं दोस्ती वाली बाँहों से

मैंने उन्हें देखा था अपनी कार से
हर शहर में।

पहचान

ये पीली दीवारें और
आसमान के एक टुकड़े-सी सफेद छत
खिड़कियाँ, दरवाजे और पर्दे रंगीन
कहते हैं लोग कि
बेजान होती हैं

मगर ऐसा नहीं है
ये आँखों में बसते-बसते बस जाती हैं
इश्क़ कर बैठती हैं ये
धरती के अनजान कोने में
पूरी दुनिया बन जाती हैं ये
पीली दीवारें, सफेद छत, खिड़कियाँ और पर्दे
ज़िन्दगी से भरपूर एक घर बन जाती हैं।

वे और हम

जिन्हें पूछ-पूछ कर
दी जा रही रियासतें
वे लोग कुछ और हैं

हमारा-तुम्हारा बदलता रहता है
उनका तो हर दौर है
बिछे हैं दरबार में कालीन और दीवान
बाकी सब दरबारी हैं
बस एक उनका सिरमौर है

करना है पगुरी
मुँह में दबाकर पान और जुबान
सवालियों का कहाँ यह ठौर है।

पूछ-पूछ कर जिन्हें दी गई रियासतें
वे लोग ही कुछ और हैं।

वो अब भी गरिया रहे हैं

अगर आप समझते हैं कि
'उन्होंने' केवल किताबों में
मंत्र-श्लोक इत्यादि-इत्यादि लिखकर
महान परम्पराओं की श्रेणियों में
आपको भाँति-भाँति से गरियाया था
तो आप बहुत भोले हैं ज़नाब

उनके महानतम वंशज
आज भी खुल्लमखुल्ला
गला फाड़कर नुक्कड़, गली-बाज़ारों
चौक-चौराहों, स्कूलों-कालेजों-विश्वविद्यालयों में
कोर्ट-कचहरी-दफ्तरों
खेत-खलिहानों, कारखानों-दुकानों
बस-ट्रेन-वायुयानों में
आप जहाँ-जहाँ जा सकते हो
आप जिस सीमा तक सोच सकते हो
उन सबकी अन्तिम सीमा तक
हमको-आपको इंगित करते हुए गरिया रहे हैं

और आप इस इन्तज़ार में
सदियों से सब्र किए जा रहे हैं कि
समय बदलेगा
कोई अवतार आएगा और
इन गरियाऊ क्रूर जीवों को दंड देगा
तो हे निरीह बकरियों-मुर्गियों
तुम्हारा ये इन्तज़ार अन्तहीन रहेगा
और वे तुम्हारी निर्मम हत्या कर
रक्तपान कर अट्टहास करते रहेंगे।

कोविड : दूसरी लहर, मौत का मंजर

बदनाम हवाएँ

बदनाम हवाएँ
नाकाम सारी दुआएँ
बेअसर हुई सब दवाएँ
हम जी रहे उस वक्त में
जब सुबहें उम्मीद लेकर नहीं जगतीं

खुश होने की कोशिशें बर्बाद हुईं सब
क्या करें हर तरफ हैं मनहूस फिजाएँ।

उधार

ऐ हवाओं कितना जहर घोला है
दुनिया-भर ने मिलकर तुझमें

अब जो ये हाहाकार है
तू लौटा रही सबका उधार है।

प्रकृति ही बचाएगी खुद को

पी जाओ सारी नदियाँ
सोख लो सारी हवाओं को
उन पर बिठा दो तरंगों का पहरा

पेड़ों को काटकर
उनकी हड्डियों से बनाओ
आकर्षक फर्नीचर ड्राइंग रूम्स के लिए

ढँक दो सूरज को काले-भूरे रंगों से
मिट्टी के एक-एक कण में
बो डालो जहरीले रसायन

पिघला दो सारे हिमखंड
ध्रुवों से लेकर ग्लेशियरों तक
शर्त ये है विकास पक्का हो
हे महामानवों लगे रहो काम पर

प्रकृति भी बिना शोर किए
बिना रुके बिना थके

लगी है अपने काम पर
आखिर उसे भी हक़ है
खुद को बचाने का।

मुड़ के देखो जरा

उधर देखो शहर के उत्तर-पूर्व कोने पर
जहाँ ईंटों के कई ढेर खड़े हैं
एक झील के बीच
पानी सूखने का इन्तज़ार कर रही हैं ईंटें

बगल के स्कूल में बना है 'कोरोंटीन हाउस'
इस हाउस के बरामदे में
खड़े होकर निहारते हैं सब मरीज
किस तरह हवा की लहरों से
किलोल करता है पानी
जीवन दिखता पानी की लहरों में

आइसोलेशन में हफ्ते-भर से
अकेले साँसों के लिए जूझ रहे रामपाल को
याद आते हैं गड़हे और तालाब
महुआबारी और आम के विशाल बगीचे
गर्मियों की दोपहर में जहाँ
निखरी जमीन पर घनी छाँव में
सो जाते थे हरखू और आसरे काका

अँगोछे में आम और महुए भी बटोर लाते थे
रोटी और अमावट बनाने के वास्ते
लेकिन फसलें उगाने के लालच में
उजाड़ दिए गए सारे बगीचे
अब बन्द डिब्बों से साँसों की आस लगाए
बेहाल घूम रहे हैं हम सब

मैं कहता हूँ
हे रामपाल जब लौट के जाना घर
तो खेत के एक हिस्से में फिर से रोप देना
आम और महुए
और उधर पूरब कोने में
एक छोटा-सा तालाब खोदना मछलियों के लिए

और हाँ शहर में बसने को आतुर सभ्य मानवों
झील में पड़ी ईंटों को उठा ले जाना
'झील व्यू', 'रिवर व्यू', 'माउंटेन व्यू'
सब ठीक है, खूब देखो लेकिन थोड़ी दूरी से

ये सब नदी झील जंगल पक्षी रहेंगे
तभी तुम भी रहोगे 'अपने गाँव में, अपने घर में'
कोरोंटीन हाउस में आइसोलेट नहीं होना पड़ेगा।

चार्वाक पुत्र 'भुल्लन' भी गुजर गए

इस दौर में जब आसमान
श्मशान की आग से धुआँ-धुआँ है
और हवाओं का दम घुट रहा है
भुल्लन भी गुजर गए

भुल्लन जो अकेले
अपनी खटिया पर लेटे
परसों शाम खाँसते-कराहते गुजर गए
सच्चे अर्थों में चार्वाक पुत्र थे

उन्होंने न चार्वाक का नाम सुना था
ना ही उनके दर्शन को पढ़ा था
बस छः दशकों का पल-पल
एक-एक क्षण जीया था
चार्वाक को

गोदी में खेलते थे तभी
ब्याह दिए गए थे
गोदी में खेलती एक लड़की के साथ
पिता का बदला बियाह हुआ था

उम्र के चौथे दशक में
भुल्लन भी बड़ी बहन के बदले में
ब्याहे गए थे बचपने में

पिता को था डर
कहीं बेटे की भी आधी उम्र न जाए गुजर
उनकी ही तरह
ब्याह अगोरते हुए

किसान पिता ने खूब सिखाए थे
खेती के गुण प्यार से एकलौते पुत्र को
लेकिन उनके मरते ही
चार्वाक पुत्र ने प्रतिज्ञा की थी
वह नहीं करेगा हाड़-मांस चूस लेने वाला कार्य

उसने चुना सारथी बन रथ हाँकने का व्यवसाय
स्टेयरिंग वाला आधुनिक सारथी
ट्रैक्टर जीप ऑटो सबको घुमाया
कभी नौकर फिर मालिक बना
हाँ अपने 'ऋणं कृत्वा घृतं पिवेत' के
सिद्धान्त पर कायम रहा क्षण-क्षण
'ऋणं कृत्वा मदिराम पिवेत''
आमिष, निरामिष सुस्वादु भोजन
और मसालों की गन्ध से पड़ोसियों को
आहत करता रहा

जब थकने लगा ऋण से तो
पुरखों की थाती कृषि भूमि
बेच-बेच कर खाने-पीने में उड़ाया
'यावत जीवेत सुखम जीवेत'

उसकी बालिका बधू ने
सच्ची अर्धांगिनी की तरह साथ दिया उसका
हर क्षण, प्रत्येक कृत्य में
उन दोनों ने मिलकर
सुख का मार्ग खोज लिया था

अगली पीढ़ी को भी विरासत में
यही निश्चिन्तता सौंप दी थी उन दोनों ने
खेती नहीं करना
मजदूरी करना कुछ भी करना
जो मैं थोड़ा-बहुत छोड़े जा रहा हूँ
तुम बेच देना
खा-पीकर आनन्दित जीवन बिताना

चार्वाक पुत्र ने परसों जब अन्तिम साँस ली
तब नेपाल सीमा के अपने गाँव में
वह अकेला था
और उसका एकलौता पुत्र कन्याकुमारी में
गाँव वालों ने अन्तिम संस्कार भी कर दिया
क्योंकि किसी पड़ोसी को उधार देकर
नहीं गए थे भुल्लन कि
जब वे मर जाएँ तो उनके
कफन लकड़ी और संस्कारों की
जुगत कर सके कोई

उत्तर से दक्षिण तक चार्वाक दर्शन को
प्रसारित करने-कराने वाला
चार्वाक पुत्र भुल्लन
जीवन-भर अपने सिद्धान्त पर अटल रहकर
ऋण जैसे भी मिले लेकर

आनन्दित जीवन जिए
जब वे मरे सारे खेत रेहन पर छोड़ गए
गाँव के लोगों को पूरी उम्मीद है कि
उनका सुपुत्र उनकी परम्परा को
समर्पण भाव से आगे ले जाएगा।

लपटें

आसमाँ तक पहुँच रही हैं
आग के लपटों और धुएँ की दास्तान

आसमान रोना चाहता है
रोज ही फूट-फूट कर
लेकिन बेरहम हवाएँ
उड़ाए देती हैं बादलों को

कुछ बूँदों से ये आग नहीं बुझने वाली
एक सैलाब चाहिए अब
फैलते श्मशान और कब्रिस्तान को
सिमटाने के लिए।

आँधियाँ

ऐसी आँधियाँ चली हैं अबके बरस
साँसों पर कब्जा करने को
एक शैतान उड़कर पहुँचा है जर्रे-जर्रे में

इस कदर उजड़ा है चमन
तबाह हुए हैं सभी
बरगद, फूल और कली
हर घर, हर शहर, गली-गली

सदियों तक सिसकियाँ
हिचकियाँ लेंगी
सूखी पुतलियाँ वतन की
तरसेंगी एक कतरा आँसू को

निर्दोष निहत्थे लोग
खुद से पूछेंगे अपने गुनाह
लाज़िम है कोई जवाब नहीं होगा
बस एक हूक-सी उठती रहेगी सदियों तक।

ये सब क्या है?

दुनिया के कोने-कोने में
वायरस है
घर के बाहर कड़क धूप है
घरों के अन्दर पसरा अवसाद है
मन के भीतर डर है, दुख है

गुरबत में जी रहे इनसानों की
आँखों में आँसू और
आँतें मरोड़ती भूख है।

नदियाँ क्या-क्या करेंगी?

जिन्हें नहीं आता था तैरना
जो नहीं उतरे थे गहरे पानी में
कभी भी कुछ ढूँढ़ने

जिन्होंने नदी को दूर से ही
अभिवादन करते हुए
फेंक दिए थे कुछ सिक्के

और जिन लोगों ने
नदी में फेंके उन सिक्कों को
गहरे पानी में तल तक
डुबकी लगाकर खोजा था रोज ही

पानी से डरने वाले और
उसमें डुबकी लगाने वाले
सभी आज समभाव से तैर रहे हैं
मोक्षदायिनी गंगा में

और गंगा के घाटों पर इनसान नहीं
शिकारी कुत्ते मँडरा रहे हैं

चील-कौए और गिद्ध ख़ुशी से मस्त हो
हवा में दिखा रहे हैं कलाबाजियाँ

और हमारे सामने यह
अनुत्तरित प्रश्न खड़ा है कि
क्या नदियाँ ही लाश ढोएँगी
अब इनसानों की?

चलो स्कूल चलें हम

दीवार दरख़्त और दरम्याँ ही बाकी है
सुनसान फ़िज़ा में
ककहरों की आवाजें नहीं हैं
परिन्दे तन्हा उड़ते हैं
आसमान बीच

हवाएँ चुपचाप गुजर जाती हैं
बूँदें भी हल्के-हल्के बरस जाती हैं
लेकिन बस्ते नहीं हैं भीगने को
फूल भी खिल जाते हैं जब-तब
कोई नहीं है उन्हें देखने को
बस दीवार दरख़्त और दरम्याँ ही बाकी हैं।